Serie: La Vida Social

EDITORIAL PATRIA

D.R. © EDITORIAL PATRIA, S.A. DE C.V.
San Lorenzo 160, Iztapalapa
09860 México, D.F.
Tels: 656-1446/689-6497

Primera edición, EDITORIAL PATRIA, 1985

ISBN 968-39-0102-6
Impreso en México/*Printed in Mexico*

Esta tercera edición de 1 000 ejemp
más sobrantes para reposición
se terminó de imprimir en el mes
julio de 1991 en los talleres de
Lycsa Impresores
Nautla 150-2
Col. Casa Blanca, Iztapalapa
México, D.F.

Colección Piñata

EL MERCADO

Texto:
Leticia Méndez
Ilustraciones:
Felipe Ugalde

Al abrir la ventana, Flor piensa: "Hoy es día de mercado; iremos al pueblo".

Don José, el papá de Flor, también está muy contento.

—Anda, Flor, ayúdame a ponerle la carga al burro.

—¿Aguantará los jarros, las cajas de frutas y las canastas, papá? —pregunta Flor.

Como siempre, el día de mercado muchas familias bajan por las veredas llevando su mercancía al pueblo grande.

Al llegar al pueblo, camino a la plaza, don José, Flor y doña Conchita se encuentran a don Pedro:

—¡Buenos días, don Pedro! ¿Qué trajo a vender?

—Sólo tres gallinas porque quiero comprar unos canastos. No traje muchas cosas porque la milpa y la hortaliza no se han dado.

—Y usted, don José, ¿qué trae? —pregunta don Pedro.

—Fruta para don Cuco: la llevará al pueblo vecino; también jarros y canastas.

—¡Qué bonitos jarros! ¿Los hizo doña Conchita?

—No, los hizo Flor. Todos nos sentimos orgullosos de nuestro trabajo, ¿verdad, don Pedro?

Y como la familia de Flor, las demás van llegando con las cosas que hacen: jícaras, rebozos, macetas, sombreros, sarapes, jorongos, cazuelas...

De pronto Flor exclama:

—¡Mira, mamá, cuántos dulces! ¡Quiero uno grande, grande!

—Espera, hija, primero vamos a comprar café, azúcar, sal y verduras.

Flor ve los juguetes. Quiere una mesita, una campana, una muñeca, pirinolas... Le gustan las jaulas de carrizo. Observa al pajarero con sus calandrias, cardenales, canarios, gorriones, centzontles y su perico."¡Qué pajarero tan sonriente!", piensa Flor.

Mientras Flor admira cuántas cosas hay en el mercado, algunos señores platican sentados en las bancas, unas señoras escogen fruta, unas muchachas compran listones, otras limpian la verdura: todos hacen algo.

La familia de Flor ha terminado de comprar y vender y se reúne en casa de los tíos como en día de fiesta. Así podrán contarse lo que les ha pasado en la semana.

En los mercados podemos encontrar cosas divertidas. Algunos son pequeños como éste; otros son más grandes, como los de las ciudades, pues donde vive más gente se necesitan más cosas.

Pero si te fijas todos tienen algo en común, sean chiquitos o grandotes. En ellos aprendemos del trabajo de todos pues en cada cosa por pequeñita que sea está el esfuerzo de quien la hizo.

El día no ha terminado: después de compartir, vender, comprar, jugar e informarse de la vida del pueblo, Flor y su familia tendrán que regresar caminando a su casa.

Actividades

1. En el mercado vemos verdura, fruta, carne, pescado, pan, dulces, granos, cereales, etc. Menciona cinco productos que hayas visto en él y que además te gusten.

2. Hay muchas formas de adquirir los productos que necesitamos. Generalmente vamos por ellos a un mercado, un tianguis o un supermercado. ¿Por qué son diferentes estos lugares?

3. En la época prehispánica se usaba mucho cambiar un producto por otro en los mercados. Entonces no había dinero para comprar y vender. Investiga cómo se llama la actividad de cambiar un producto por otro y qué productos se utilizaban como moneda.

4. Visita el Museo Nacional de Antropología de la ciudad de México y observa la maqueta del tianguis de Tlatelolco en la Sala Mexica. También puedes visitar los murales de Diego Rivera del Palacio Nacional, donde podrás ver algo del mismo mercado.

5. Investiga qué días hay mercado en tu localidad. ¿Sabes a qué le llaman en la ciudad de México "mercado sobre ruedas"? Algunos pueblos de México son famosos por sus mercados. ¿Podrías decir cuáles son los que más se conocen y cuál es su especialidad?

¿Quiénes escribieron e ilustraron este libro para ti?

Leticia Méndez

Soy antropóloga, estudié en la ciudad de México y me dedico a escribir temas antropológicos para niños porque me parece muy importante darles a conocer la riqueza de nuestro país.

Felipe Ugalde

Nací en agosto de 1962 en la ciudad de México. Desde niño me ha gustado dibujar, no sólo porque me parece divertido, sino porque siempre ha sido la mejor forma de expresar lo que pienso y lo que siento. Estudié comunicación gráfica en la Escuela Nacional de Artes Plásticas de la UNAM y ahora me dedico, entre otras cosas, a ilustrar libros.